Impressum
Verlag: BABADADA GmbH, Nedderfeld 112 , 22529 Hamburg
Geschäftsführer / Verlagsleitung: Harald Hof
Druck: Books on Demand GmbH, In de Tarpen 42, 22848 Norderstedt

Imprint
Publisher: BABADADA GmbH, Nedderfeld 112 , 22529 Hamburg, Germany
Managing Director / Publishing direction: Harald Hof
Print: Books on Demand GmbH, In de Tarpen 42, 22848 Norderstedt, Germany

škola

escola

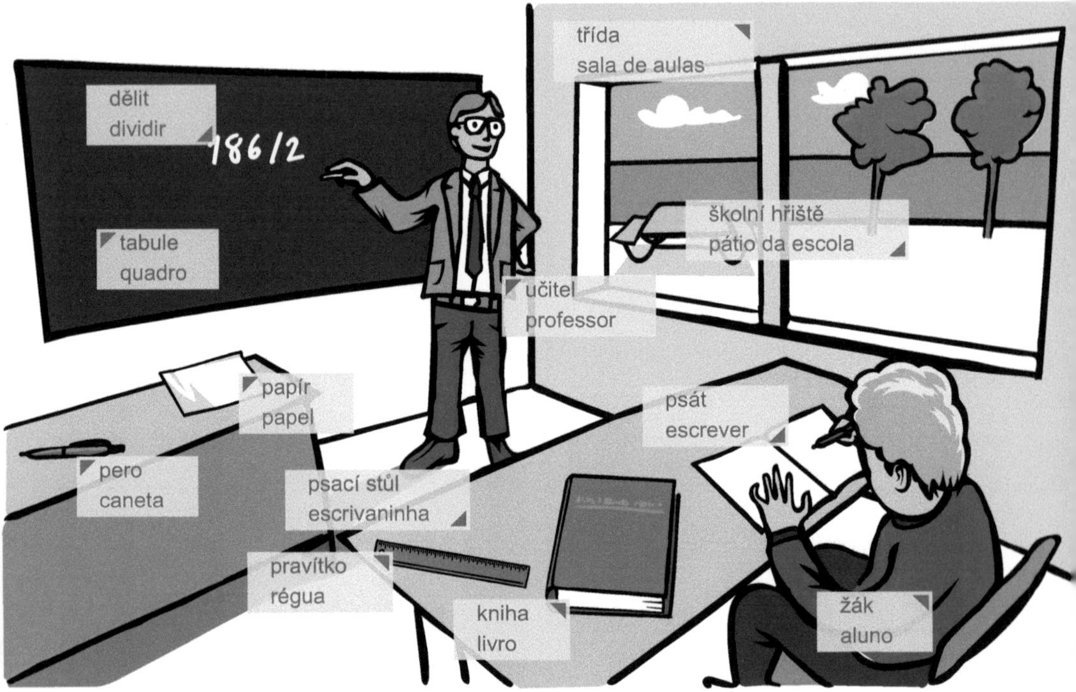

třída
sala de aulas
dělit
dividir
186/2
tabule
quadro
školní hřiště
pátio da escola
učitel
professor
papír
papel
psát
escrever
pero
caneta
psací stůl
escrivaninha
pravítko
régua
kniha
livro
žák
aluno

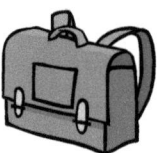

aktovka

sacola

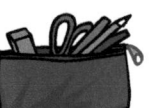

penál

estojo de lápis

tužka

lápis

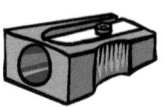

ořezávátko

apontador de lápis

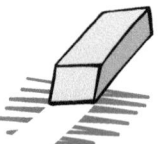

guma

borracha

blok na kreslení

bloco de desenho

výkres

desenho

štětec

pincel

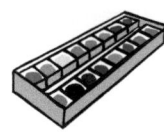

malířské potřeby

estojo de tintas

nůžky

tesoura

lepidlo

cola

cvičebnice

livro de exercícios

domácí úkol

lição de casa

12

počet

número

2+2

sčítat

somar

5-2

odčítat

subtrair

2×2

násobit

multiplicar

počítat

calcular

A

písmeno

letra

ABCDEFG HIJKLMN OPQRSTU VWXYZ

abeceda

alfabeto

hello

slovo

palavra

text
texto

číst
ler

křída
giz

hodina
hora

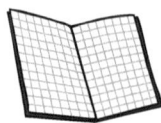

třídní kniha
registro da classe

zkouška
exame

vysvědčení
certificado

školní uniforma
uniforme escolar

vzdělání
educação

encyklopedie
enciclopédia

univerzita
universidade

mikroskop
microscópio

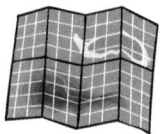

karta
mapa

odpadkový koš na papír
cesto de lixo

cesta
viagem

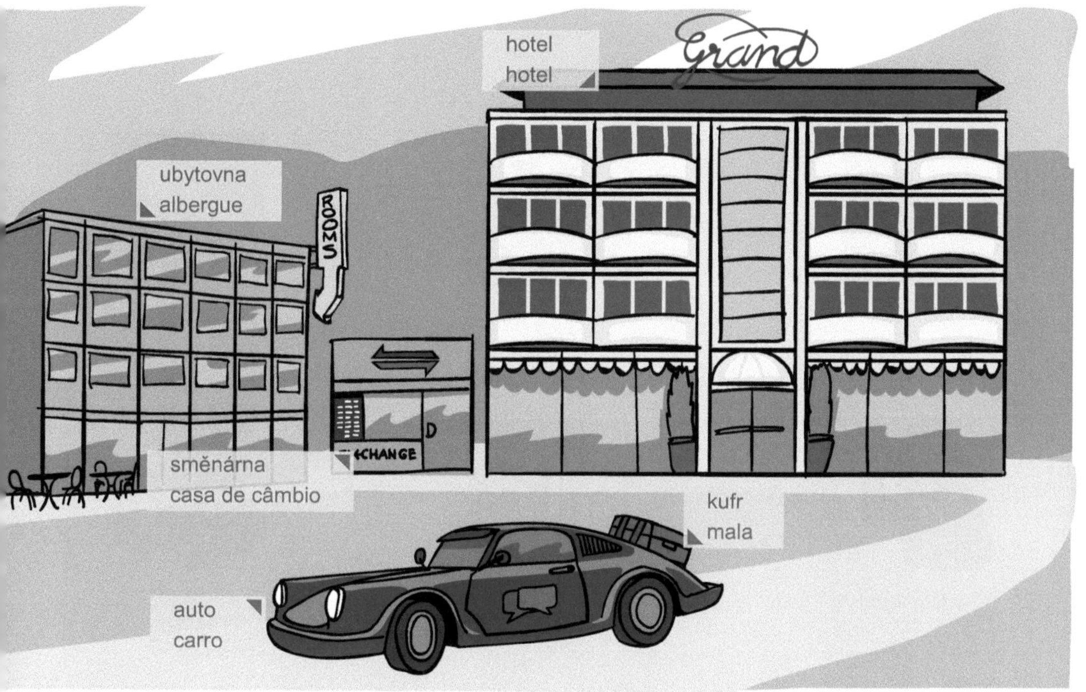
hotel
hotel
Grand
ubytovna
albergue
ROOMS
EXCHANGE
směnárna
casa de câmbio
kufr
mala
auto
carro

jazyk

idioma

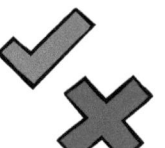

ano / ne

sim / não

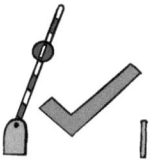

oukej

ok

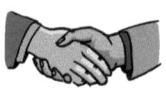

Ahoj!

Olá

překladatel

tradutor

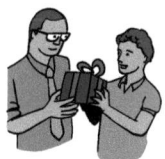

děkuji

obrigado

Kolik stojí...?

quanto custa...?

nerozumím

eu não entendo

problém

problema

Dobrý večer!

boa noite!

Dobré ráno!

Bom dia!

Dobrou noc!

Boa noite!

na shledanou

até logo

směr

direção

zavazadlo

bagagem

taška

bolsa

batoh

mochila

host

convidado

pokoj

quarto

spací pytel

saco de dormir

stan

barraca

turistické informace

informação turística

pláž

praia

kreditní karta

cartão de crédito

snídaně

café da manhã

oběd

almoço

večeře

jantar

jízdenka

bilhete

výtah

elevador

poštovní známka

selo

hranice

fronteira

clo

alfândega

poselství

embaixada

vízum

visto

pas

passaporte

transport
transporte

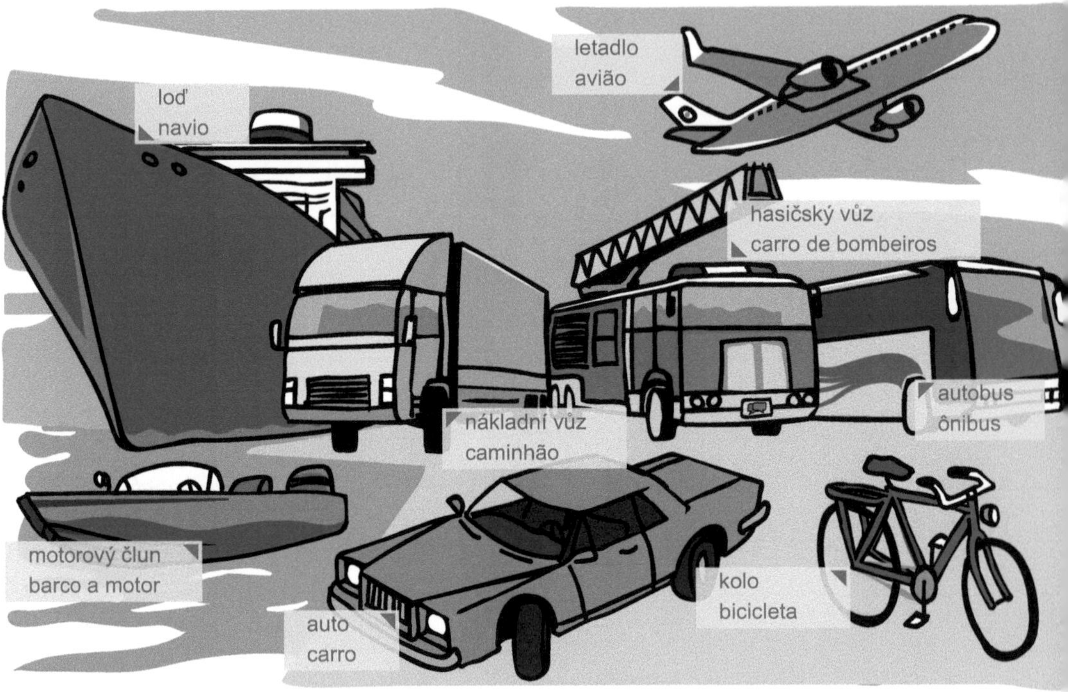
letadlo
avião
loď
navio
hasičský vůz
carro de bombeiros
autobus
ônibus
nákladní vůz
caminhão
motorový člun
barco a motor
kolo
bicicleta
auto
carro

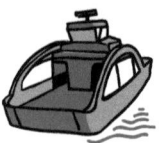

přívoz
balsa

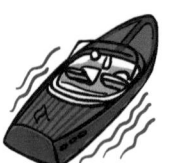

člun
barco

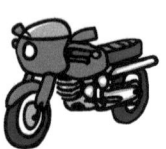

motorka
motocicleta

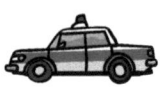

policejní auto
veículo policial

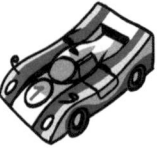

závodní auto
carro de corrida

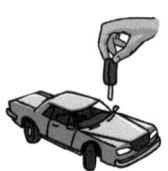

pronajaté auto
carro de aluguel

sdílení aut

compartilhamento de automóvel

odtahová služba

caminhão de reboque

popelářský vůz

caminhão de lixo

motor

motor

palivo

combustível

čerpací stanice

posto de gasolina

dopravní značka

placa de trânsito

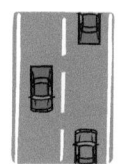

doprava

trânsito

dopravní zácpa

trânsito lento

parkoviště

estacionamento

vlakové nádraží

estação de trem

koleje

trilhos

vlak

trem

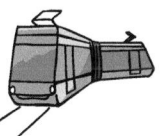

tramvaj

bonde

vagón

vagão

helikoptéra

helicóptero

letiště

aeroporto

věž

torre

pasažér

passageiro

kontejner

contêiner

kartón

cartolina

trakař

carroça

koš

cesto

vzlétnout / přistát

decolar / pousar

město
cidade

vesnice

vilarejo

střed města

centro da cidade

dům

casa

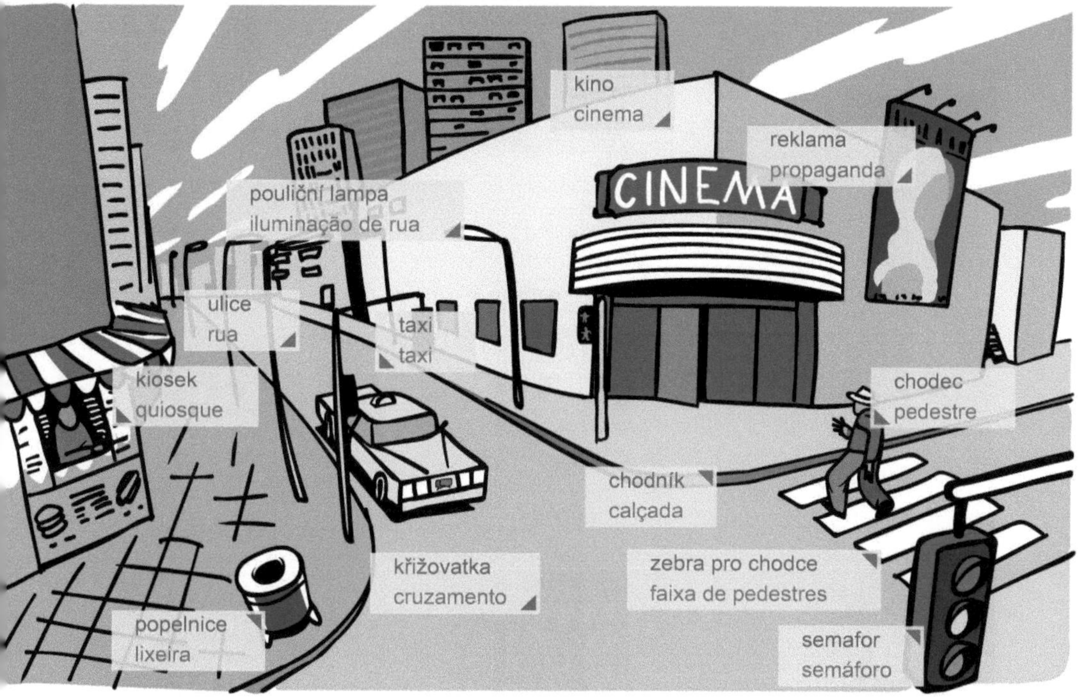

kino
cinema

reklama
propaganda

poulíční lampa
iluminação de rua

ulice
rua

taxi
taxi

kiosek
quiosque

chodec
pedestre

chodník
calçada

křižovatka
cruzamento

zebra pro chodce
faixa de pedestres

popelnice
lixeira

semafor
semáforo

chata

cabana

byt

apartamento

vlakové nádraží

estação de trem

radnice

prefeitura

muzeum

museu

škola

escola

univerzita

universidade

banka

banco

nemocnice

hospital

hotel

hotel

lékárna

farmácia

kancelář

escritório

knihkupectví

livraria

obchod

loja

květinářství

floricultura

supermarket

supermercado

tržnice

mercado

obchodní dům

loja de departamentos

rybárna

peixaria

nákupní centrum

centro comercial

přístav

porto

park

parque

lavička

banco

most

ponte

schody

escadas

metro

metrô

tunel

túnel

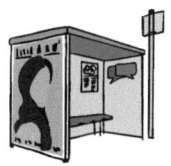

autobusová zastávka

ponto de ônibus

bar

bar

restaurace

restaurante

poštovní schránka

caixa de correspondência

pouliční tabule

placa de rua

parkovací hodiny

parquímetro

zoo

zoológico

plovárna

piscina

mešita

mesquita

usedlost
fazenda

znečišťování životního prostředí
poluição

hřbitov
cemitério

církev
igreja

hřiště
parquinho

chrám
templo

krajina
paisagem

list
folha

rozcestník
placa de sinalização

cesta
caminho

louka
gramado

kámen
pedra

turista
caminhantes

strom
árvore

řeka
rio

tráva
grama

květina
flor

údolí
vale

hora
montanha

jezero
lago

les
floresta

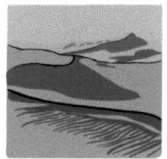

poušť
deserto

sopka
vulcão

zámek
castelo

duha
arco-íris

houba
cogumelo

palma
palmeira

komár
mosquito

moucha
mosca

mravenec
formiga

včela
abelha

pavouk
aranha

brouk

besouro

žába

sapo

veverka

esquilo

ježek

ouriço

zajíc

lebre

sova

coruja

pták

pássaro

labuť

cisne

divoké prase

javali

jelen

veado

los

alce

přehrada

barragem

větrné kolo

aerogerador

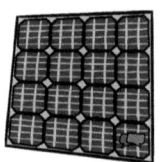

solární panel

painel solar

podnebí

clima

restaurace
restaurante

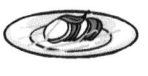

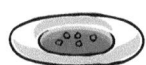

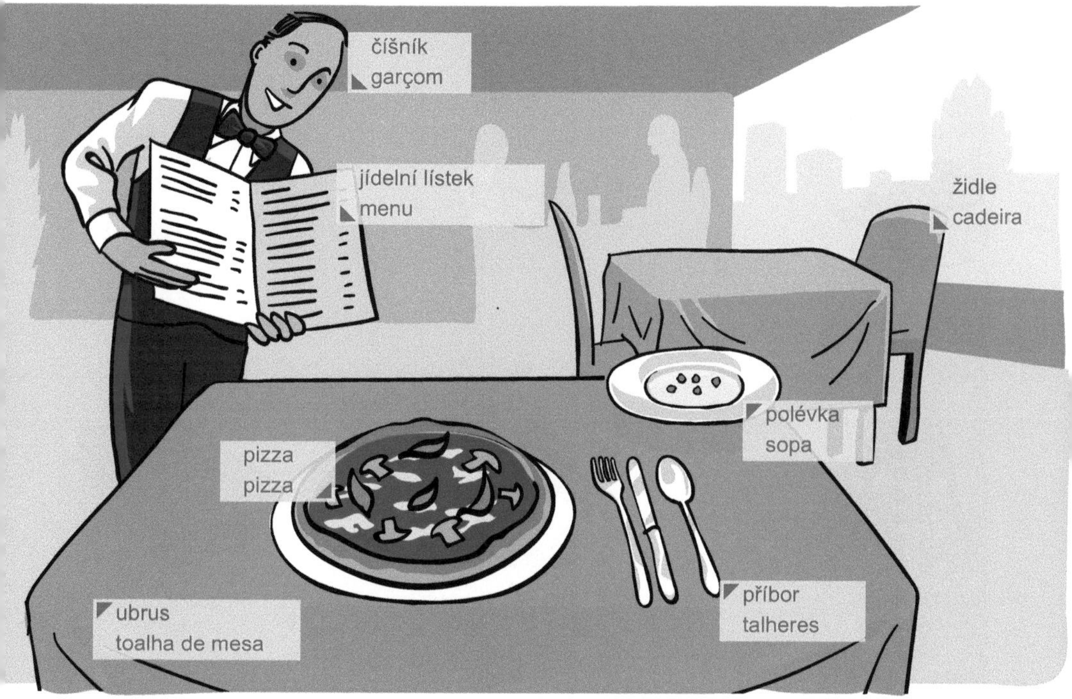
číšník
garçom
jídelní lístek
menu
židle
cadeira
polévka
sopa
pizza
pizza
ubrus
toalha de mesa
příbor
talheres

předkrm

entrada

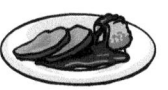

hlavní chod

prato principal

dezert

sobremesa

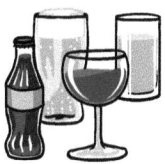

nápoje

bebidas

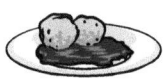

jídlo

comida

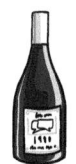

láhev

garrafa

rychlé občerstvení

fastfood

pouliční občerstvení

comida de rua

čajová konvice

bule de chá

cukřenka

açucareiro

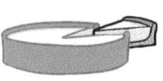

porce

porção

kávovar na espresso

máquina de expresso

dětská stolička

cadeirão

faktura

conta

tác

bandeja

nůž

faca

vidlička

garfo

lžíce

colher

čajová lyžička

colher de chá

ubrousek

guardanapo

sklenička

copo

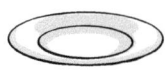

talíř
prato

talíř na polévku
prato de sopa

podšálek
pires

omáčka
molho

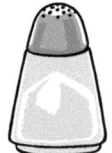

slánka
saleiro

mlýnek na pepř
moedor de pimenta

ocet
vinagre

olej
óleo

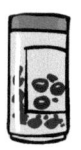

koření
especiarias

kečup
ketchup

hořčice
mostarda

majonéza
maionese

supermarket
supermercado

nabídka
oferta especial
FOR
zákazník
cliente
mléčné výrobky
laticínios
ovoce
frutas
nákupní vozík
carrinho de compras

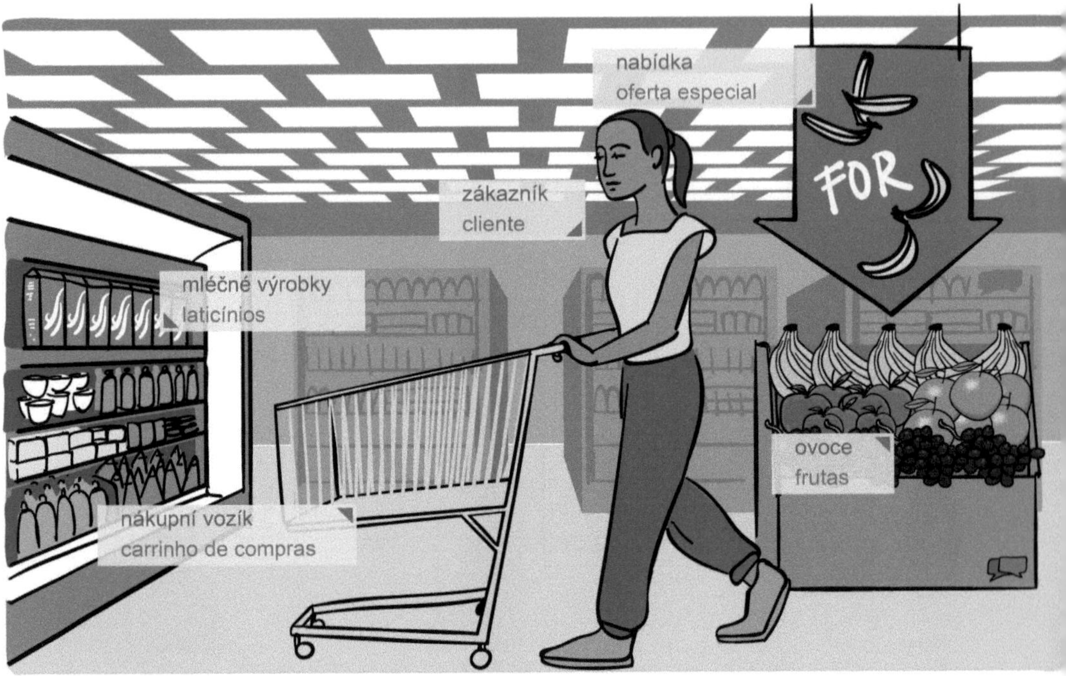

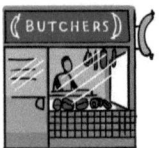

BUTCHERS

masna

açougue

BAKERY

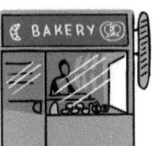

pekařství

padaria

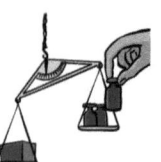

vážit

pesar

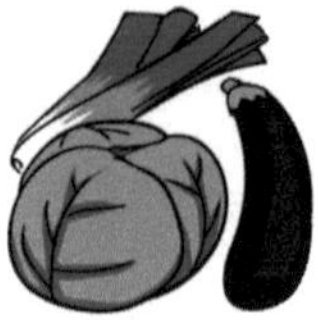

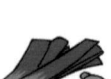

zelenina

legumes

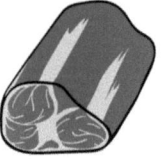

maso

carne

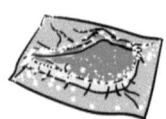

mražené potraviny

congelados

obložený talíř

charcutaria

konzervy

conservas

prací prášek

detergente em pó

cukrovinky

doces

výrobky pro domácnost

artigos domésticos

čisticí prostředek

produtos de limpeza

prodavačka

vendedora

pokladna

caixa

pokladní

caixa

nákupní seznam

lista de compras

otevírací doba

horário de funcionamento

peněženka

carteira

kreditní karta

cartão de crédito

taška

sacola

igelitová taška

saco plástico

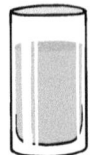

voda

água

džus

suco

mléko

leite

kola

coca-cola

víno

vinho

pivo

cerveja

alkohol

álcool

kakao

cacau

čaj

chá

káva

café

espresso

expresso

kapučíno

cappuccino

banán
banana

jablko
maçã

pomeranč
laranja

meloun
melão

citrón
limão

mrkev
cenoura

česnek
alho

bambus
bambu

cibule
cebola

houba
cogumelo

ořechy
nozes

těstoviny
macarrão

špageti

espaguete

rýže

arroz

salát

salada

hranolky

batatas fritas

americké brambory

batatas frias

pizza

pizza

hamburger

hambúrger

sendvič

sanduíche

řízek

escalope

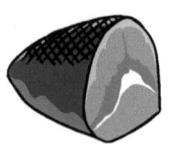

šunka

presunto

salám

salame

salám

salsicha

kuře

galinha

pečeně

assado

ryby

peixe

ovesné vločky

flocos de aveia

müsli

granola

vločky

flocos de milho

mouka

farinha

croissant

croissant

houska

pãozinho

chléb

pão

toast

torrada

sušenky

biscoitos

máslo

manteiga

tvaroh

requeijão

buchta

bolo

vejce

ovo

volské oko

ovo frito

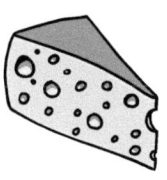

sýr

queijo

zmrzlina

sorvete

cukr

açúcar

med

mel

marmeláda

geleia

nugátový krém

creme de avelãs

kari

curry

jídlo - comida

usedlost
fazenda

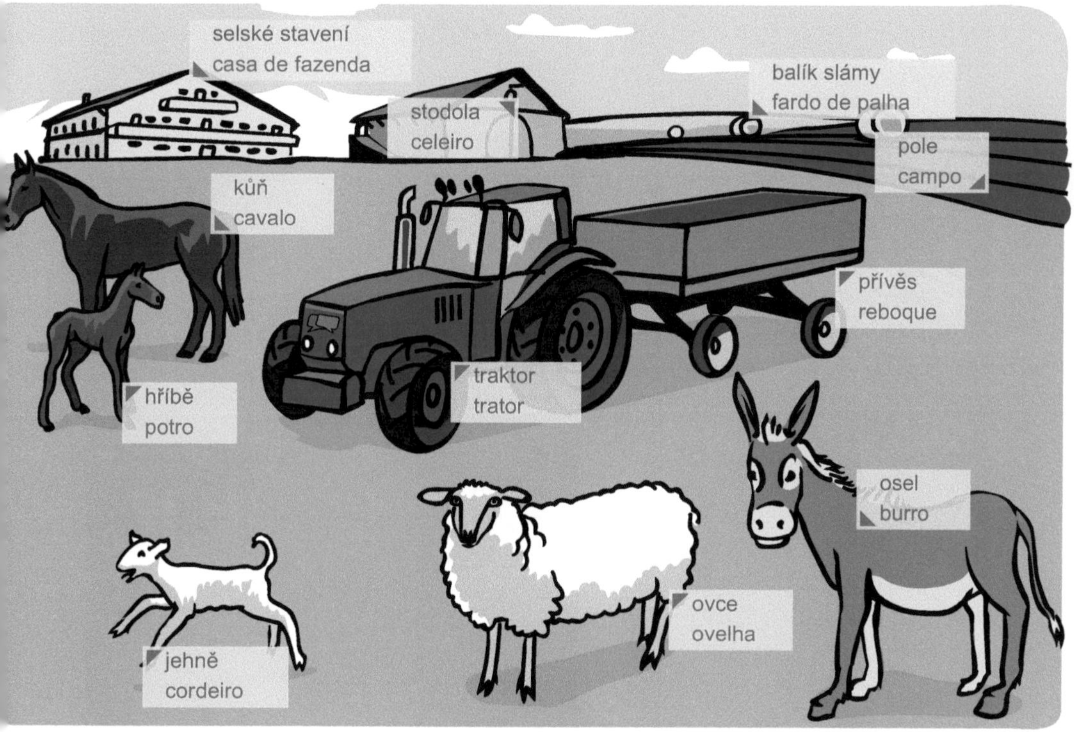

selské stavení
casa de fazenda
stodola
celeiro
balík slámy
fardo de palha
pole
campo
kůň
cavalo
přívěs
reboque
traktor
trator
hříbě
potro
osel
burro
ovce
ovelha
jehně
cordeiro

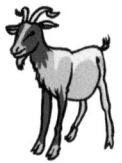

koza
cabra

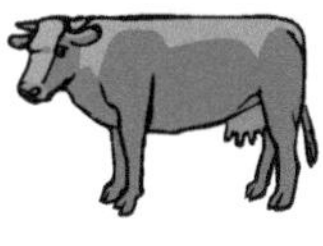

kráva
vaca

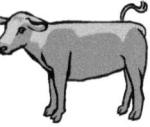

tele
bezerro

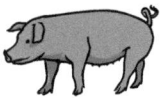

prase
porco

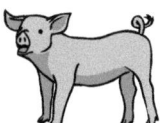

sele
leitão

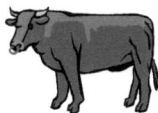

býk
touro

husa

ganso

kachna

pato

kuře

pintinho

slepice

galinha

kohout

galo

krysa

ratazana

kočka

gato

myš

camundongo

vůl

boi

pes

cachorro

psí bouda

casinha do cachorro

zahradní hadice

mangueira de jardim

kropicí konev

regador

kosa

foice

pluh

arado

srp
foice

motyka
enxada

vidle
forquilha

sekera
machado

kolecko
carrinho de mão

koryto
manjedoura

konev na mléko
jarra de leite

pytel
saco

plot
cerca

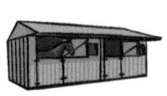

stáj
estábulo

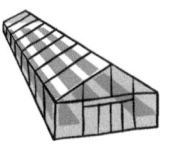

skleník
estufa

půda
solo

osivo
semente

hnojivo
fertilizante

kombajn
colheitadeira

sklidit

colher

sklizeň

colheita

smldinec

inhame

pšenice

trigo

sója

soja

brambora

batata

kukuřice

milho

řepka

colza

ovocný strom

árvore frutífera

maniok

mandioca

obilí

cereais

komín
chaminé

střecha
telhado

okap
calhas de chuva

okno
janela

garáž
garagem

zvonek
campainha da porta

dveře
porta

popelnice
lata de lixo

dopisní schránka
caixa de correspondência

zahrada
jardim

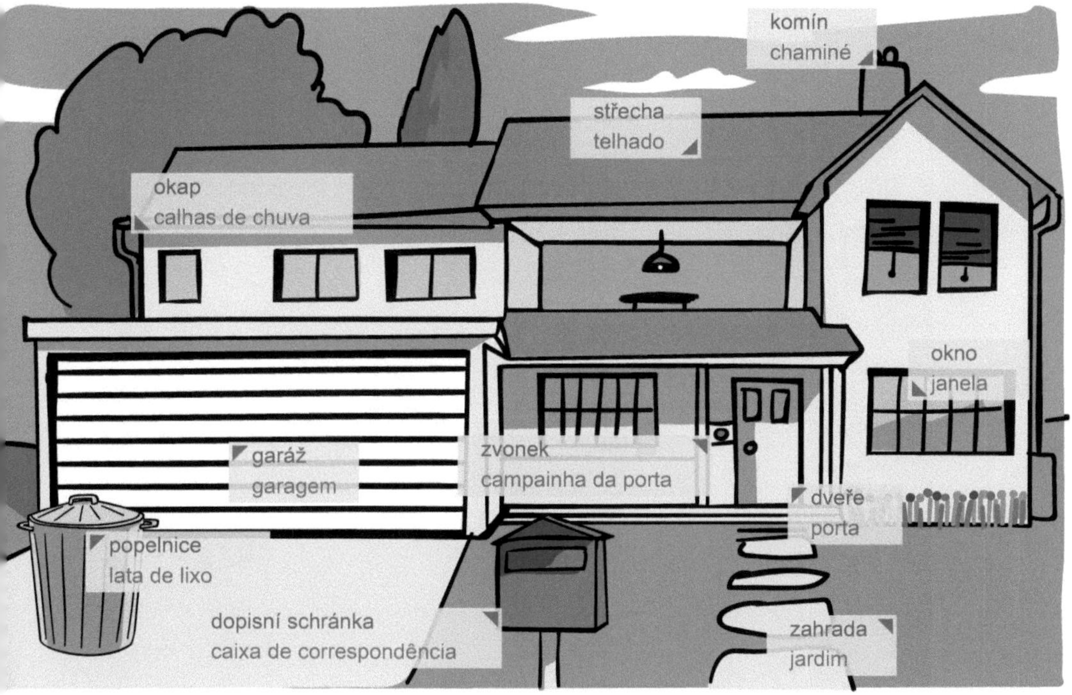

obývací pokoj

sala de estar

koupelna

banheiro

kuchyně

cozinha

ložnice

quarto de dormir

dětský pokoj

quarto de criança

jídelna

sala de jantar

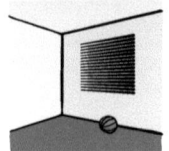

podlaha

chão

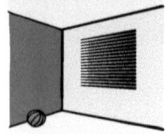

zeď

parede

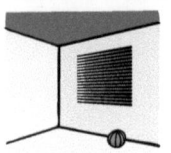

deka

teto

sklep

porão

sauna

sauna

balkón

varanda

terasa

terraço

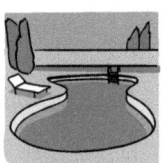

bazén

piscina

sekačka na trávu

cortador de grama

ložní prádlo

lençol

lůžková přikrývka

coberta

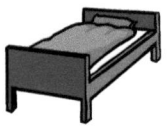

postel

cama

smeták

vassoura

kýbl

balde

vypínač

interruptor

obývací pokoj

sala de estar

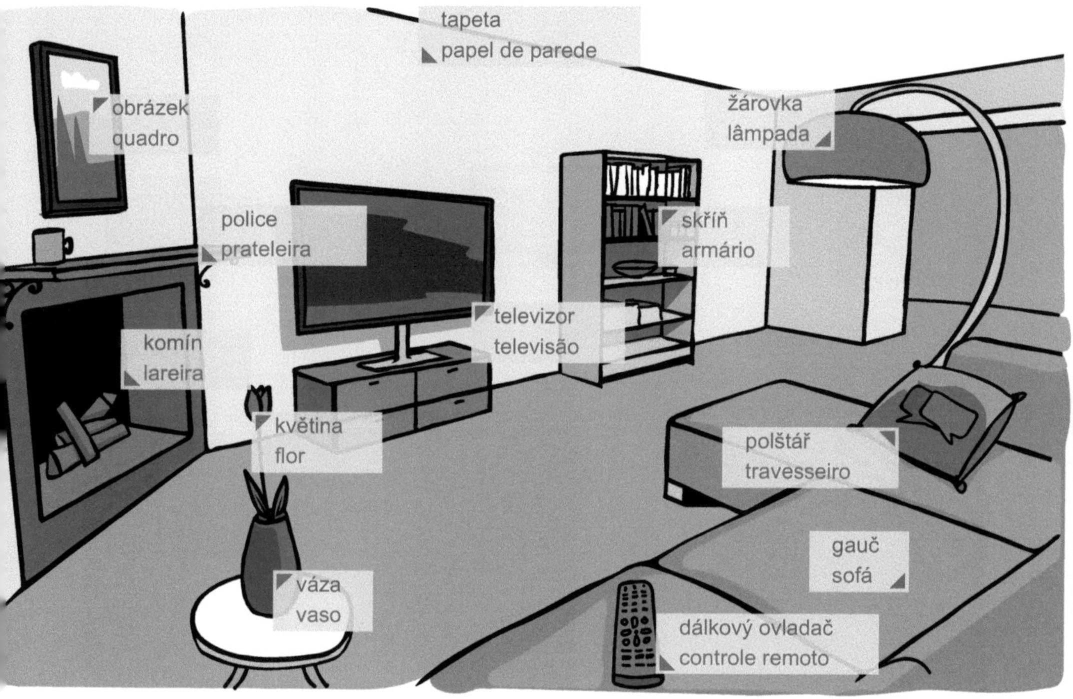
tapeta
papel de parede
obrázek
quadro
žárovka
lâmpada
police
prateleira
skříň
armário
televizor
televisão
komín
lareira
květina
flor
polštář
travesseiro
gauč
sofá
váza
vaso
dálkový ovladač
controle remoto

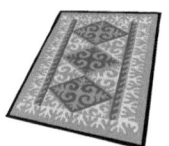

koberec

tapete

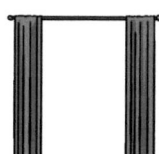

závěs

cortina

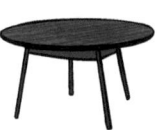

stůl

mesa

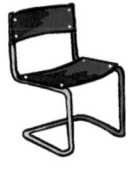

židle

cadeira

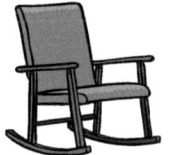

houpací křeslo

cadeira de balanço

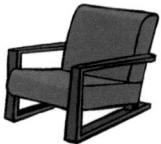

křeslo

poltrona

kniha

livro

strop

cobertor

ozdoba

decoração

palivové dříví

lenha

film

filme

stereo souprava

equipamento de som

klíč

chave

noviny

jornal

malba

pintura

plakát

pôster

rádio

rádio

poznámkový blok

bloco de notas

vysavač

aspirador

kaktus

cacto

svíce

vela

kuchyně
cozinha

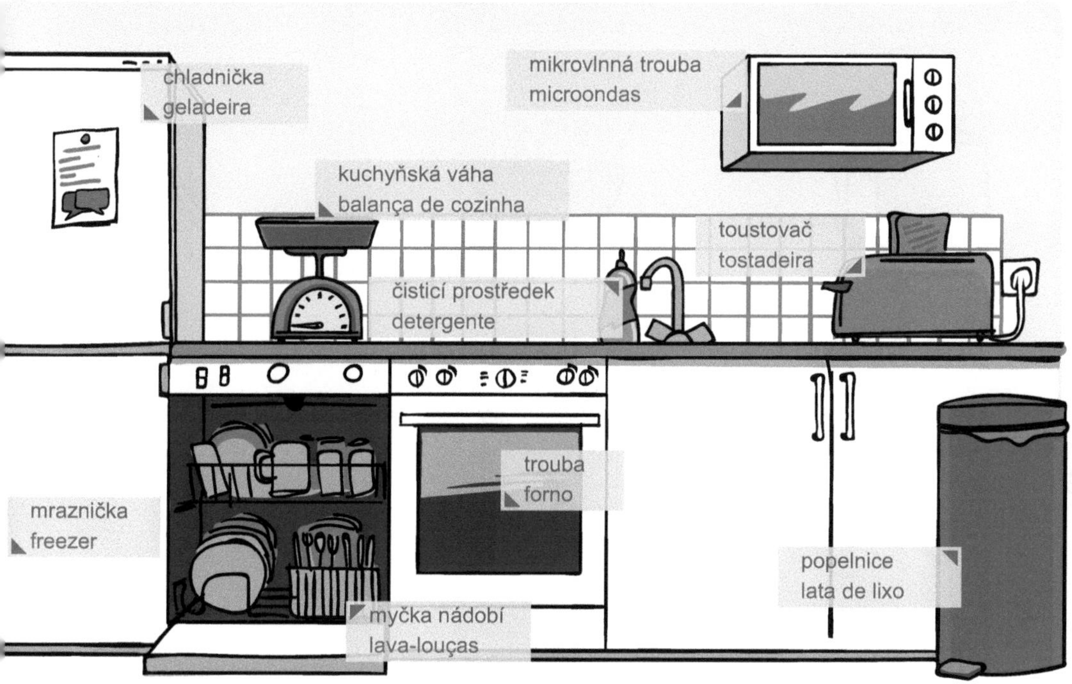
chladnička
geladeira
mikrovlnná trouba
microondas
kuchyňská váha
balança de cozinha
toustovač
tostadeira
čisticí prostředek
detergente
trouba
forno
mraznička
freezer
popelnice
lata de lixo
myčka nádobí
lava-louças

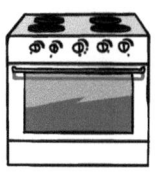

sporák
fogão

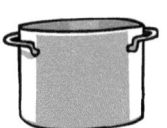

hrnec
panela

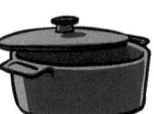

litinový hrnec
panela de ferro

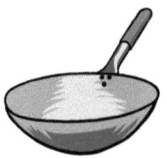

wok / kadai
wok / kadai

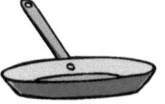

pánev
frigideira

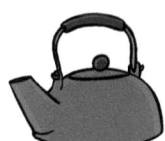

varná konvice
chaleira

parní hrnec

panela a vapor

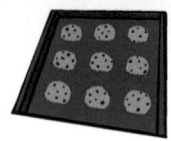

plech na pečení

tabuleiro de forno

nádobí

louça

hrnek

caneca

miska

caçarola

jídelní hůlky

hashi

naběračka

concha de sopa

obracečka

espátula

metla

batedor

síto

escorredor

cedník

peneira

struhadlo

ralador

hmoždíř

almofariz

gril

churrasqueira

ohniště

lareira

prkénko na krájení

tábua de cortar

váleček na těsto

rolo da massa

vývrtka

saca-rolhas

dóza

lata

otvírák na konzervy

abridor de latas

chňapka

pegador de panela

umyvadlo

pia

kartáč na nádobí

escova

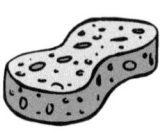

houba

esponja

mixér

liquidificador

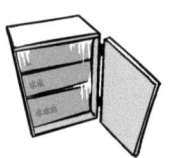

mrazák

congelador

dětská lahev

mamadeira

kohoutek

torneira

koupelna
banheiro

topení
aquecimento
sprcha
ducha
ručník
toalha
sprchový závěs
cortina de chuveiro
pěnová koupel
banho de espuma
vana
banheira
sklenička
copo
pračka
lava-roupa
kohoutek
torneira
obkladačky
azulejos
nočník
penico
umyvadlo
pia

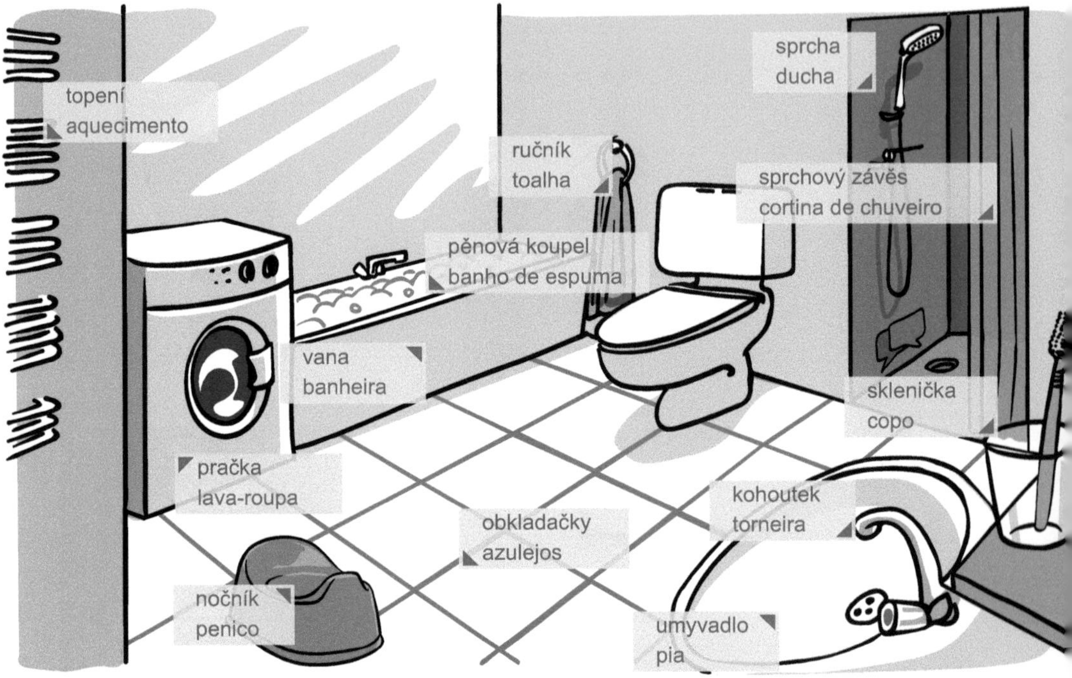

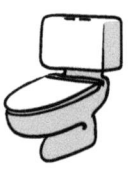

záchod

vaso sanitário

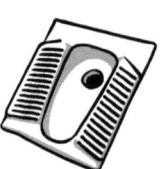

turecký záchod

lavabo de agachar

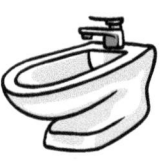

bidet

bidê

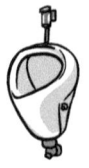

pisoár

mictório

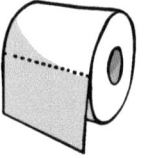

toaletní papír

papel higiênico

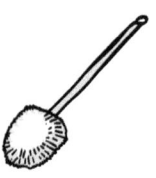

záchodová štětka

escova de privada

zubní kartáček

escova de dentes

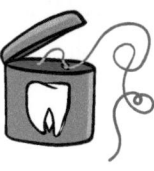

zubní pasta

pasta de dentes

zubní niť

fio dental

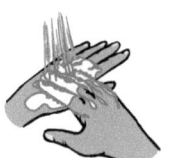

mýt

lavar

ruční sprcha

ducha de mão

intimní sprcha

ducha íntima

umyvadlo

bacia

kartáč na záda

escova para as costas

mýdlo

sabonete

sprchový gel

gel de banho

šampón

xampu

žínka

toalha de rosto

odpad

escoamento

krém

creme

deodorant

desodorante

koupelna - banheiro

zrcadlo

espelho

kosmetické zrcátko

espelho de mão

holicí strojek

barbeador

pěna na holení

espuma de barbear

voda po holení

loção pós-barba

hřeben

pente

kartáč

escova

fén

secador de cabelo

lak na vlasy

spray de cabelo

makeup

maquiagem

rtěnka

batom

lak na nehty

esmalte de unhas

vata

algodão

nůžky na nehty

tesoura para unhas

parfém

perfume

aška s toaletními potřebami
nécessaire

stolička
banquinho

váha
balança

župan
roupão de banho

gumové rukavice
luvas de borracha

tampón
absorvente interno

dámská vložka
absorvente íntimo

chemická toaleta
banheiro químico

dětský pokoj
quarto de criança

budík
despertador
plyšová hračka
boneco de pelúcia
autíčko
carrinho de brinquedo
chrastítko
chacoalho
domeček pro panenky
casa de bonecas
dárek
presente

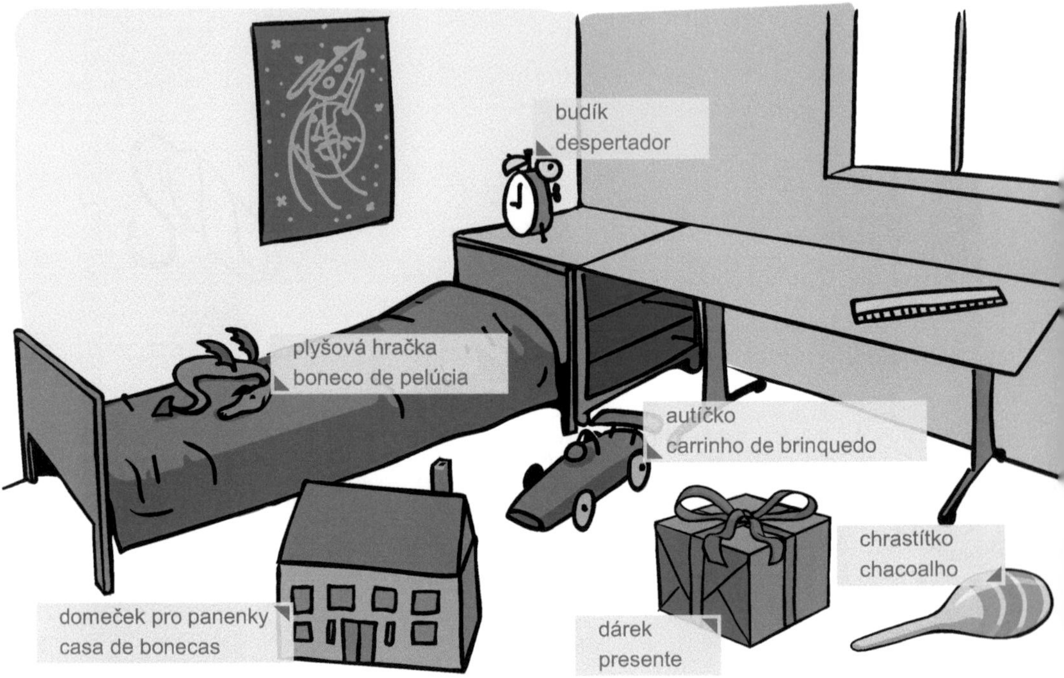

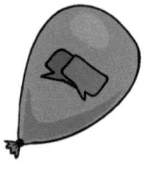

balón
balão

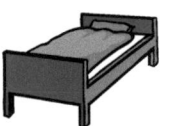

postel
cama

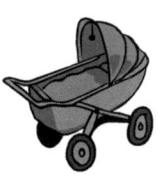

kočárek
carrinho de bebê

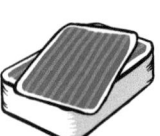

balíček karet
jogo de cartas

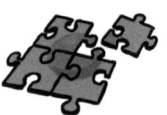

puzzle
quebra-cabeças

SUPER
MEGA

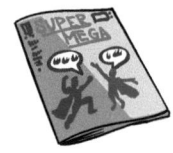

komiks
revista de quadrinhos

lego kostky

peças de Lego

stavebnice

blocos de construção

akční figurka

figura de ação

dupačky

macaquinho de bebê

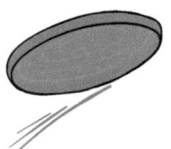

frisbee

frisbee

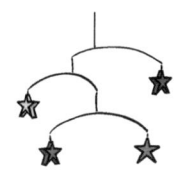

závěsné hračky nad
postýlku
móbile para bebé

desková hra

jogo de tabuleiro

kostky

dados

modelová železnice

trenzinho elétrico

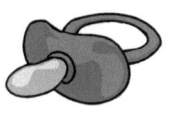

dudlík

chupeta

oslava

festa

obrázková kniha

livro ilustrado

míč

bola

panenka

boneca

hrát si

brincar

pískoviště

caixa de areia

houpačka

balanço

hračky

brinquedos

hrací konzole

videogame

tříkolka

triciclo

medvídek

ursinho de pelúcia

šatník

guarda-roupa

oblečení
vestuário

ponožky

meias

punčochy

meias pelo joelho

punčochové kalhoty

meias-calças

šála
cachecol

deštník
guarda-chuva

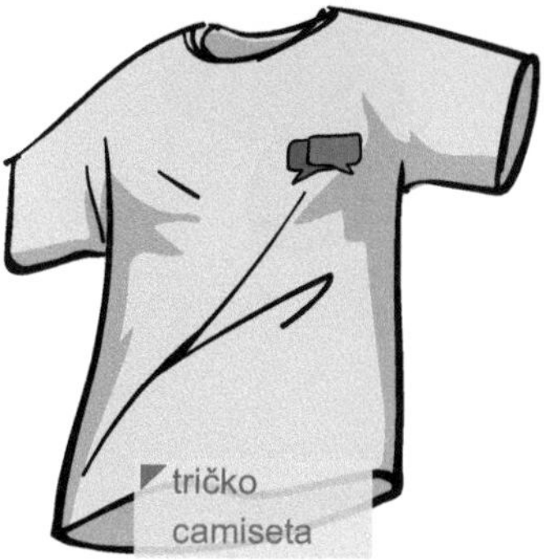

tričko
camiseta

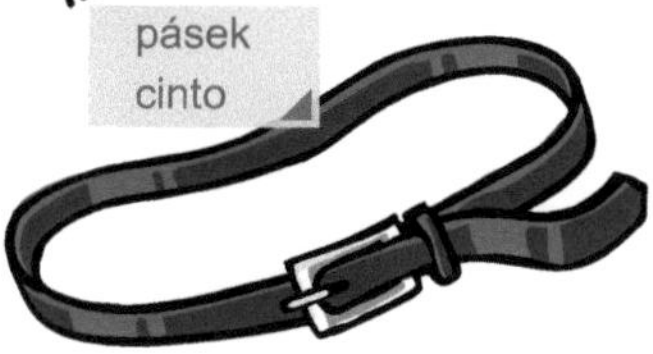

pásek
cinto

tenisky
tênis

kozačky
botas

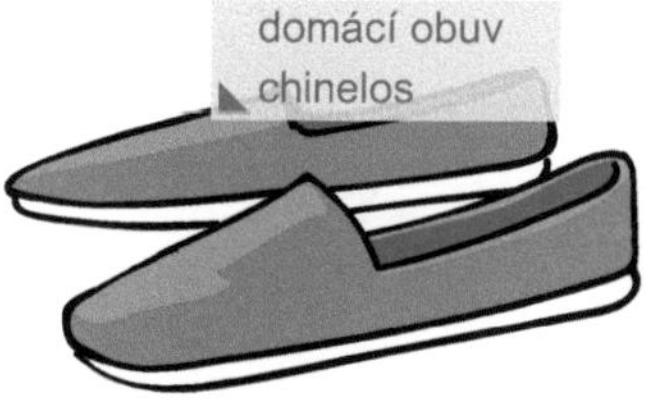

domácí obuv
chinelos

sandály

sandálias

obuv

sapatos

holínky

botas de borracha

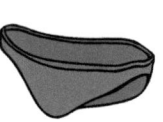

spodní prádlo

roupa de baixo

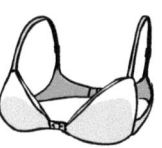

podprsenka

sutiã

nátělník

camiseta de baixo

body
body

kalhoty
calças

džíny
jeans

sukně
saia

blůza
blusa

košile
camisa

svetr
pulôver

mikina
suéter com capuz

blejzr
blazer

bunda
jaqueta

kabát
casaco

pláštěnka
gabardine

kostým
traje

šaty
vestido

svatební šaty
vestido de casamento

oblek
terno

noční košile
camisola

pyžamo
pijama

sárí
sari

šátek na hlavu
lenço de cabeça

turban
turbante

burka
burca

kaftan
cafetã

abája
abaya

plavky
maiô

pánské plavky
sunga

kraťasy
shorts

tepláková souprava
roupa de treino

zástěra
avental

rukavice
luvas

knoflík

botão

brýle

óculos

náramek

pulseira

náhrdelník

colar

prsten

anel

náušnice

brinco

čepice

boné

ramínko

cabide

klobouk

chapéu

kravata

gravata

zip

zíper

helma

capacete

kšandy

suspensórios

školní uniforma

uniforme escolar

uniforma

uniforme

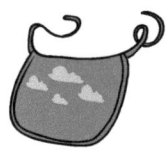

bryndák

babador

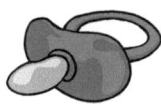

dudlík

chupeta

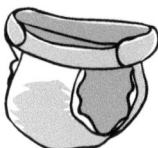

plena

fralda

kancelář
escritório

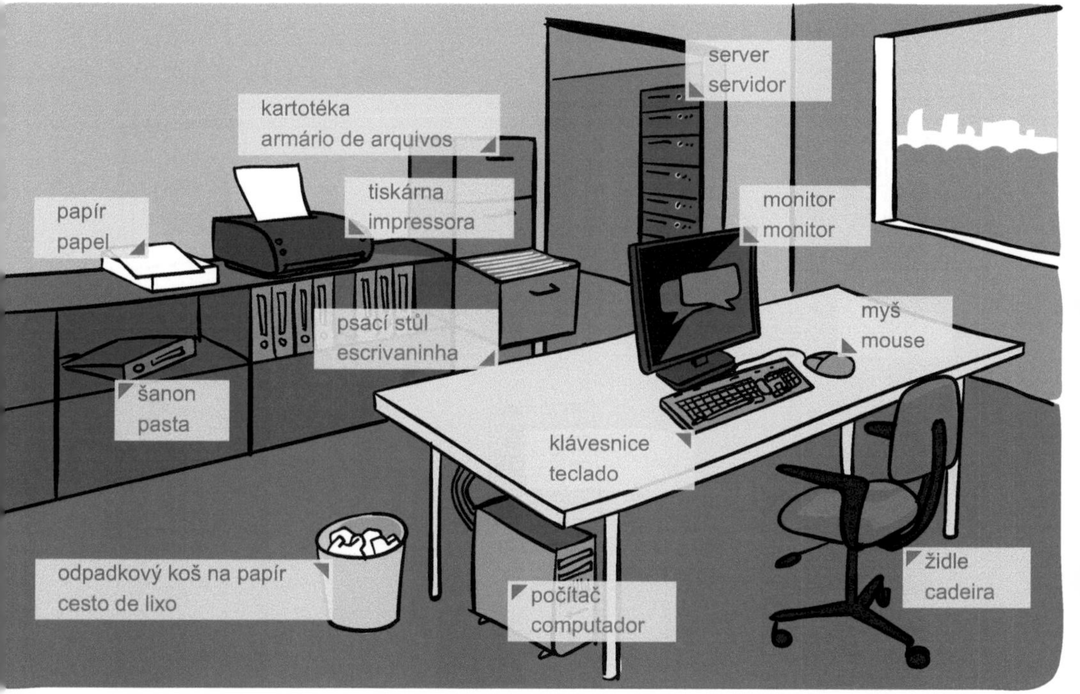
server
servidor
kartotéka
armário de arquivos
tiskárna
impressora
papír
papel
monitor
monitor
psací stůl
escrivaninha
myš
mouse
šanon
pasta
klávesnice
teclado
odpadkový koš na papír
cesto de lixo
počítač
computador
židle
cadeira

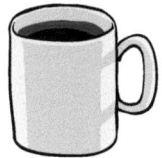

hrnek na kávu

xícara de café

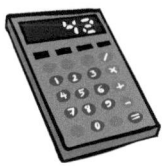

kalkulačka

calculadora

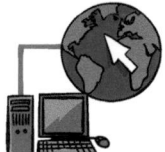

internet

internet

notebook

laptop

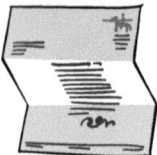

dopis

carta

zpráva

mensagem

mobil

celular

síť

rede

kopírka

copiadora

software

software

telefon

telefone

zásuvka

tomada

fax

fax

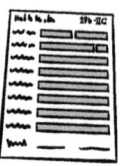

formulář

formulário

dokument

documento

kancelář - escritório

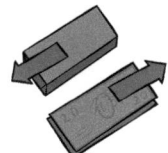

nakupovat

comprar

zaplatit

pagar

jednat

negociar

peníze

dinheiro

dolar

Dólar

euro

Euro

jen

Yen

rubl

rublo

frank

franco suíço

juan

renminbi yuan

rupie

rupia

bankomat

caixa eletrônico

směnárna

casa de câmbio

zlato

ouro

stříbro

prata

olej

petróleo

energie

energia

cena

preço

smlouva

contrato

daň

imposto

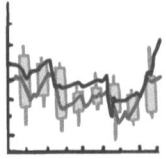

akcie

ação

pracovat

trabalhar

zaměstnanec

empregado

zaměstnavatel

empregador

továrna

fábrica

obchod

loja

povolání
profissões

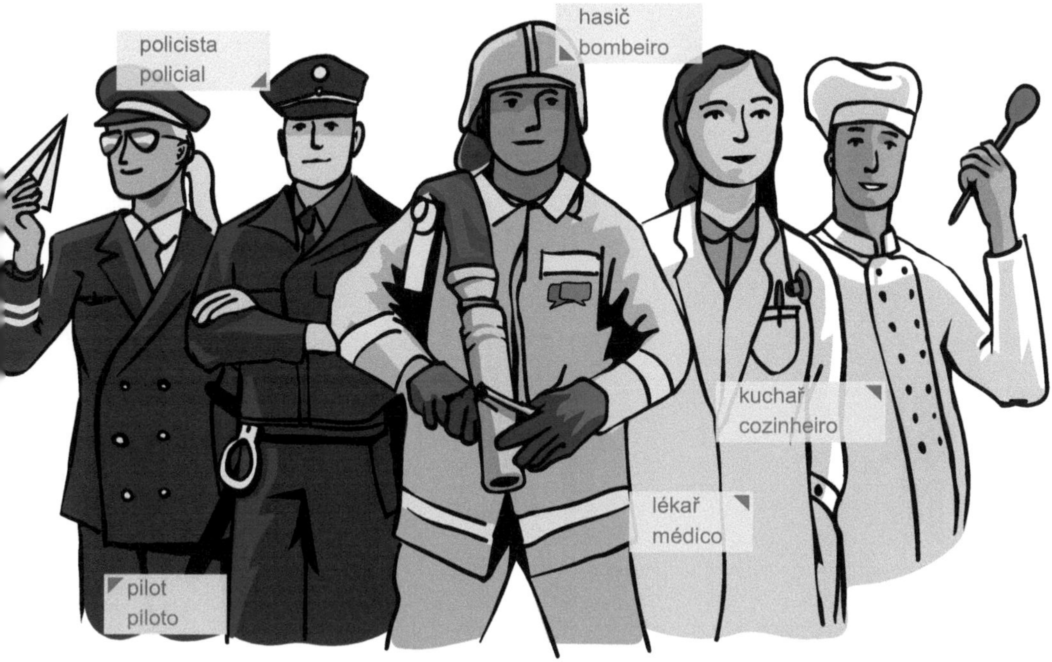
policista
policial
hasič
bombeiro
kuchař
cozinheiro
lékař
médico
pilot
piloto

zahradník

jardineiro

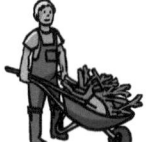

truhlář

marceneiro

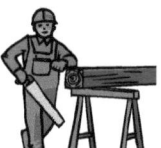

švadlena

costureira

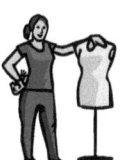

soudce

juiz

chemik

químico

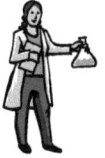

herec

ator

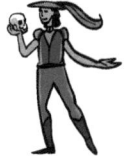

řidič autobusu

motorista de ônibus

řidič taxi

motorista de táxi

rybář

pescador

uklízečka

faxineira

pokrývač

telhador

číšník

garçom

myslivec

caçador

malíř

pintor

pekař

padeiro

elektrikář

eletricista

stavební dělník

construtor

inženýr

engenheiro

řezník

açougueiro

klempíř

encanador

listonoš

carteiro

voják

soldado

architekt

arquiteto

pokladní

caixa

florista

florista

kadeřník

cabelereiro

průvodčí

condutor

mechanik

mecânico

kapitán

capitão

zubař

dentista

vědec

cientista

rabín

rabino

imám

imam

mnich

monge

duchovní

pastor

nářadí

ferramentas

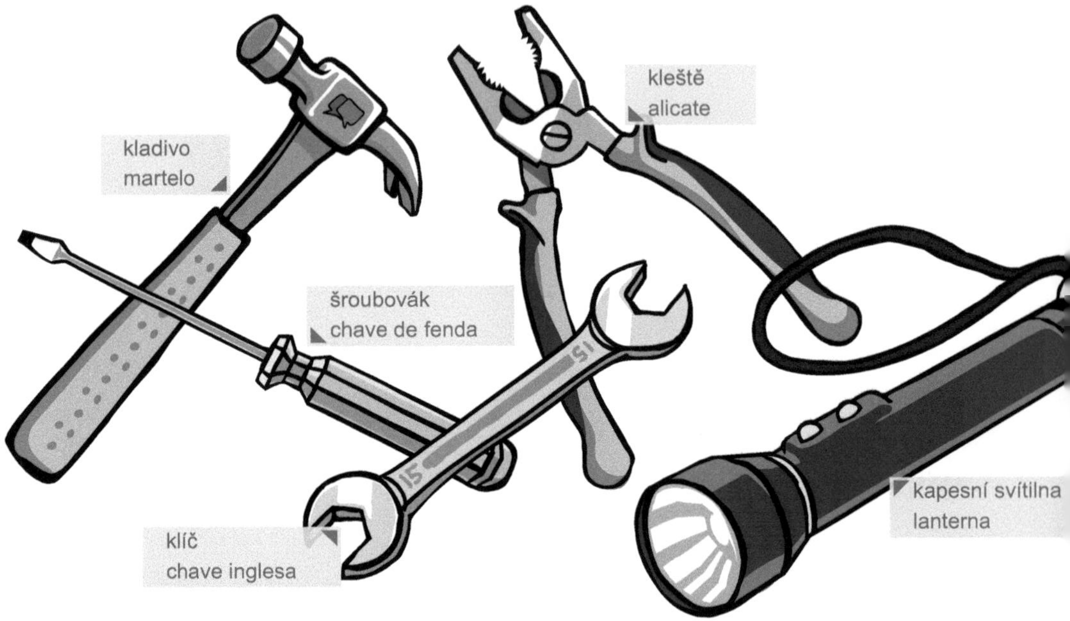
kladivo
martelo
kleště
alicate
šroubovák
chave de fenda
klíč
chave inglesa
kapesní svítilna
lanterna

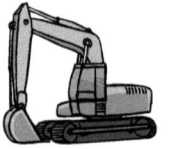

bagr
escavadora

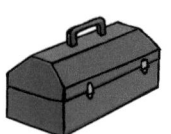

skříň na nářadí
caixa de ferramentas

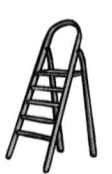

žebřík
escada de mão

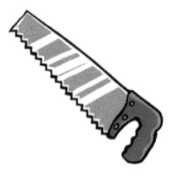

pila
serra

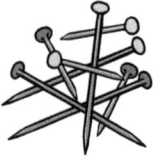

hřebíky
pregos

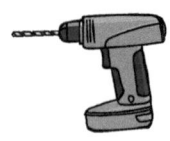

vrtačka
furadeira

opravit

consertar

lopata

pá

Kurva!

Droga!

lopatka

pá de lixo

vědroé na barvu

pote de tinta

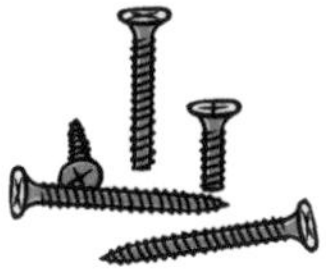

šrouby

parafusos

hudební nástroje
instrumentos musicais

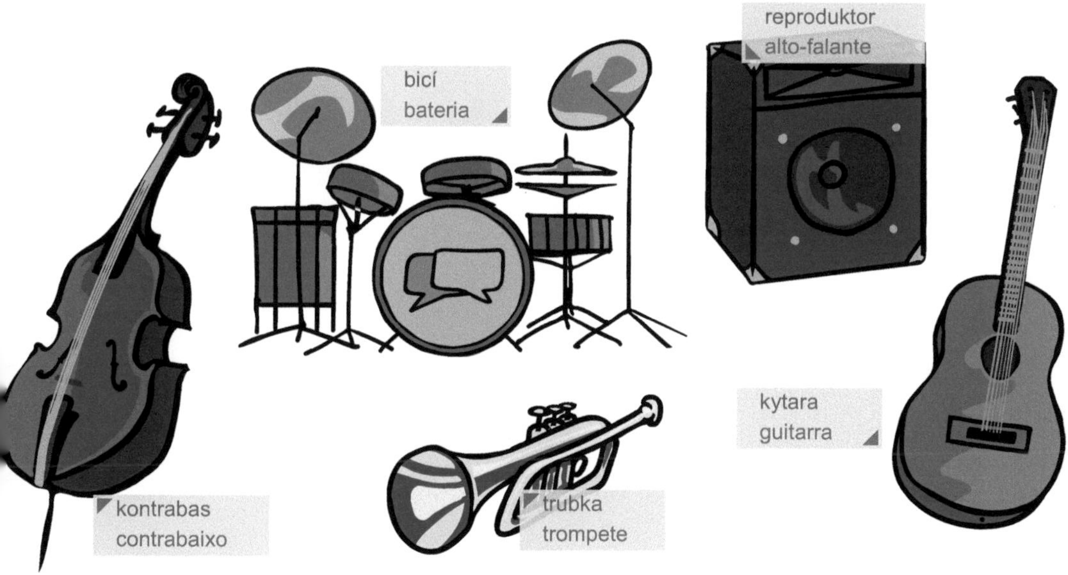

bicí
bateria

reproduktor
alto-falante

kontrabas
contrabaixo

trubka
trompete

kytara
guitarra

klavír

piano

housle

violino

basa

baixo

tympán

timbales

bubny

tambor

keyboard

teclado

saxofon

saxofone

flétna

flauta

mikrofon

microfone

hudební nástroje - instrumentos musicais

ZOO
zoológico

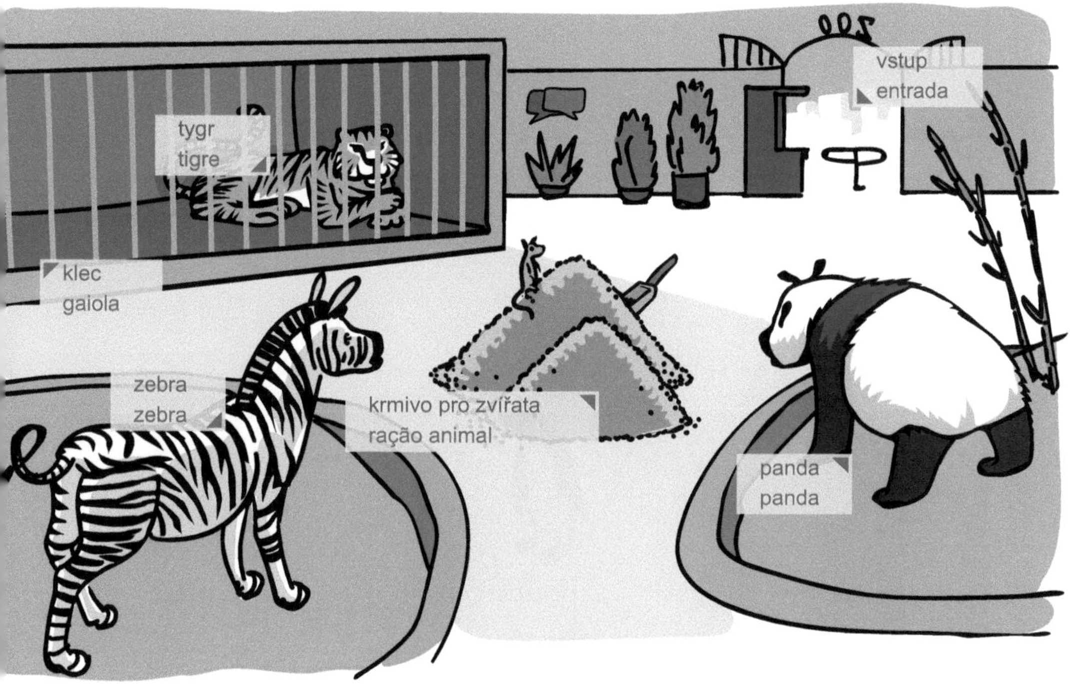

200
vstup
entrada
tygr
tigre
klec
gaiola
zebra
zebra
krmivo pro zvířata
ração animal
panda
panda

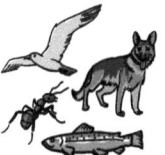

zvířata

animais

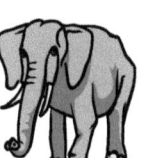

slon

elefante

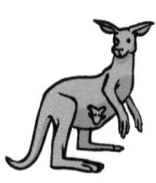

klokan

canguru

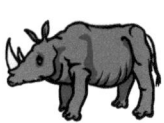

nosorožec

rinoceronte

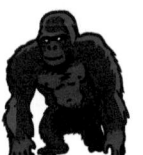

gorila

gorila

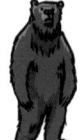

medvěd

urso

velbloud

camelo

pštros

avestruz

lev

leão

opice

macaco

plameňák

flamingo

papoušek

papagaio

lední medvěd

urso polar

tučňák

pinguim

žralok

tubarão

páv

pavão

had

cobra

krokodýl

crocodilo

ošetřovatel zvířat

guarda do zoológico

tuleň

foca

jaguár

jaguar

poník

pônei

leopard

leopardo

hroch

hipopótamo

žirafa

girafa

orel

águia

divoké prase

javali

ryby

peixe

želva

tartaruga

mrož

morsa

liška

raposa

gazela

gazela

zoo - zoológico

americký fotbal
futebol americano

cyklistika
ciclismo

tenis
tênis

košíková
basquete

plavání
natação

box
boxe

lední hokej
hóquei no gelo

kopaná
....
futebol

badminton
....
badminton

lehká atletika
....
atletismo

házená
....
handebol

běh na lyžích
....
esqui

vodní pólo
....
polo

skočit
pular

smát se
rir

objímat
abraçar

jít
andar

zpívat
cantar

snít
sonhar

modlit se
rezar

políbit
beijar

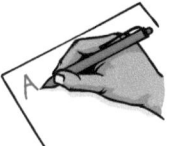

psát

escrever

kreslit

desenhar

ukazovat

mostrar

tlačit

empurrar

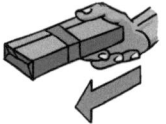

dát

dar

vzít si

tomar

mít
ter

dělat
fazer

být
ser

stát
ficar de pé

běhat
correr

táhnout
puxar

hodit
jogar

padat
cair

ležet
deitar

čekat
esperar

nosit
carregar

sedět
sentar

oblékat
vestir

spát
dormir

vzbudit se
despertar

prohlédnout si

olhar para

plakat

chorar

pohladit

acariciar

česat

pentear

hovořit

falar

rozumět

entender

ptát se

perguntar

slyšet

ouvir

pít

beber

jíst

comer

uklidit

arrumar

milovat

amar

vařit

cozinhar

jet

dirigir

letět

voar

plachtit

velejar

počítat

calcular

číst

ler

učit se

aprender

pracovat

trabalhar

vzít si

casar

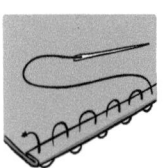

šít

costurar

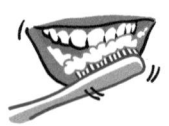

čistit si zuby

escovar os dentes

zabít

matar

kouřit

fumar

poslat

enviar

babička
avó

dědeček
avô

otec
pai

matka
mãe

dítě
bebê

dcera
filha

syn
filho

host
convidado

teta
tia

strýc
tio

bratr
irmão

sestra
irmã

tělo
corpo

čelo
testa
oko
olho
rameno
ombro
prst
dedo
obličej
rosto
brada
queixo
ruka
mão
dolní končetina
perna
hruď
peito
paže
braço

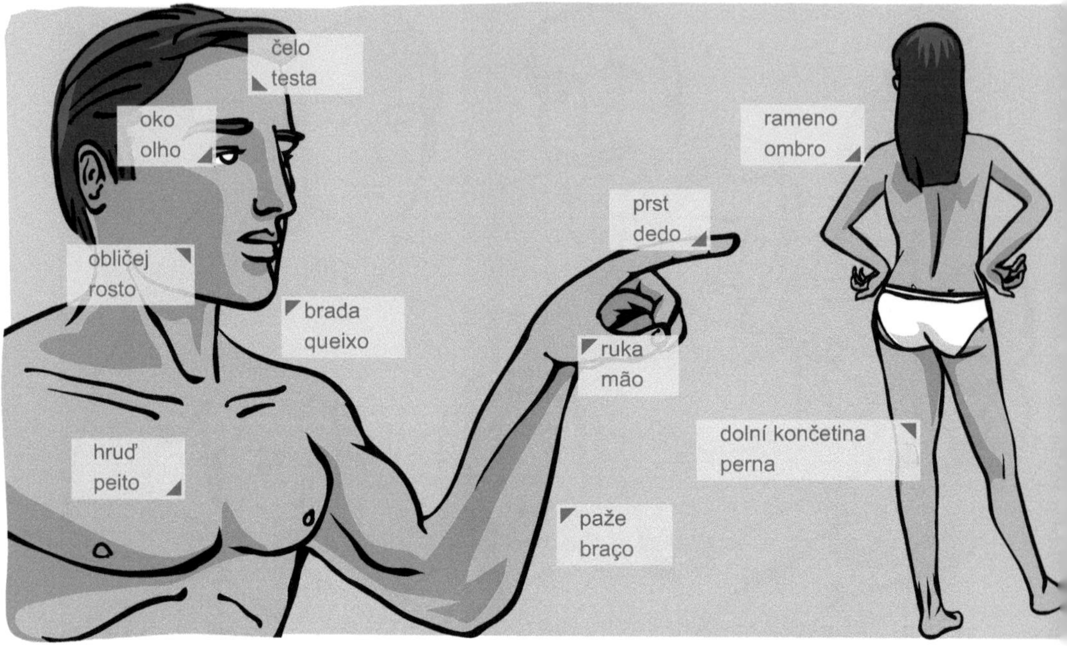

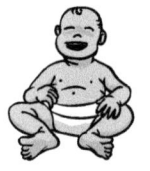

dítě
bebê

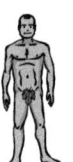

muž
homem

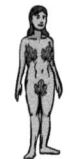

žena
mulher

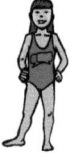

dívka
menina

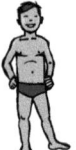

chlapec
menino

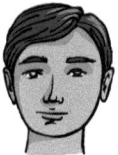

hlava
cabeça

záda
costas

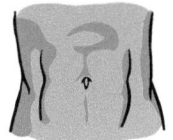

břicho
barriga

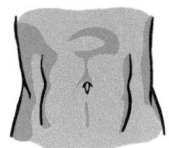

pupík
umbigo

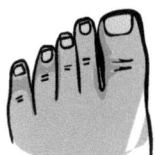

prst na noze
dedo do pé

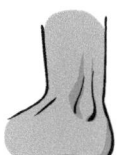

pata
calcanhar

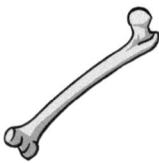

kost
osso

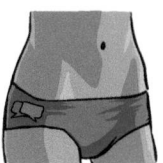

bok
anca

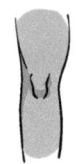

koleno
joelho

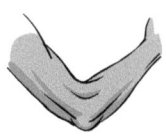

loket
cotovelo

nos
nariz

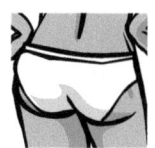

zadek
nádegas

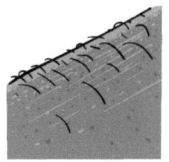

kůže
pele

tvář
bochecha

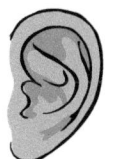

ucho
orelha

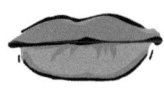

ret
lábio

tělo - corpo

ústa

boca

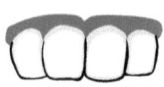

zub

dente

jazyk

língua

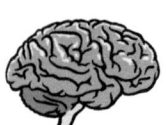

mozek

cérebro

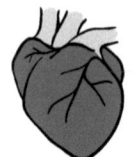

srdce

coração

sval

músculo

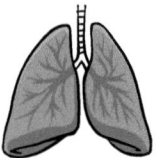

plíce

pulmão

játra

fígado

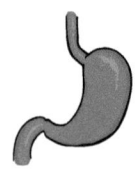

žaludek

estômago

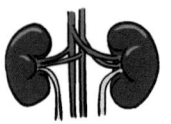

ledviny

rins

pohlavní styk

relações sexuais

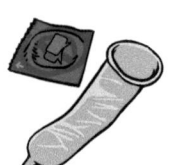

kondom

preservativo

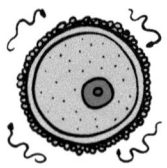

vajíčko

óvulo

sperma

esperma

těhotenství

gravidez

tělo - corpo

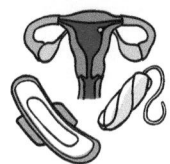

menstruace

menstruação

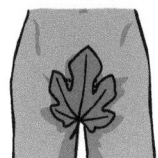

vagina

vagina

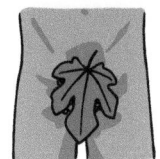

penis

pênis

obočí

sobrancelha

vlasy

cabelo

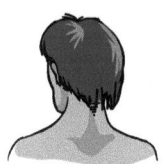

krk

pescoço

nemocnice
hospital

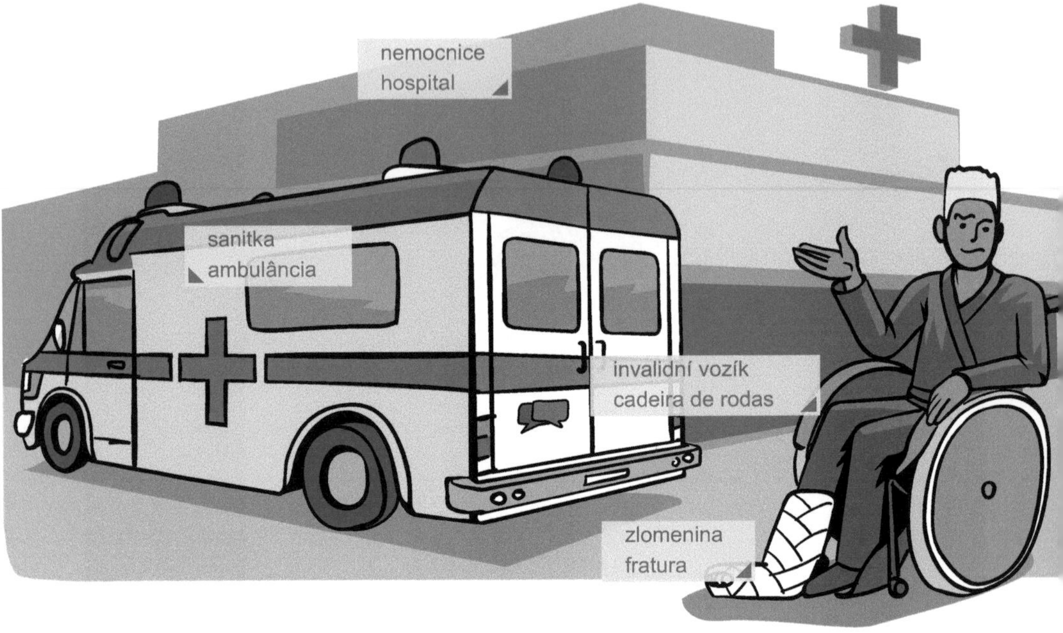

nemocnice
hospital
sanitka
ambulância
invalidní vozík
cadeira de rodas
zlomenina
fratura

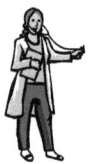

lékař

médico

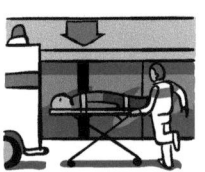

pohotovost

pronto-socorro

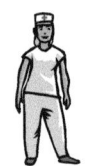

zdravotní sestra

enfermeira

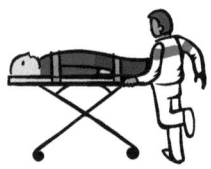

urgentní případ

emergência

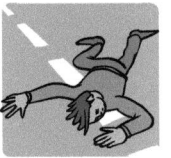

v bezvědomí

inconsciente

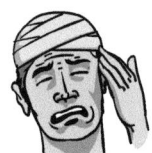

bolest

dor

úraz

ferimento

krvácení

hemorragia

infarkt myokardu

ataque cardíaco

cévní mozková příhoda

acidente vacular cerebral

alergie

alergia

kašel

tosse

horečka

febre

chřipka

gripe

průjem

diarreia

bolest hlavy

dor de cabeça

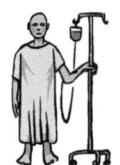

rakovina

câncer

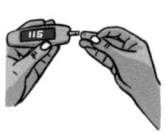

cukrovka

diabetes

chirurg

cirurgião

skalpel

bisturi

operace

operação

CT
CT

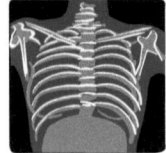

rentgen
raio x

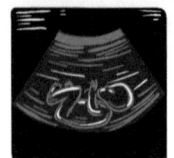

ultrazvuk
ultrassom

maska
máscara

nemoc
doença

čekárna
sala de espera

berle
muleta

náplast
bandeide

obvaz
ligadura

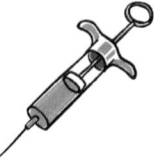

injekce
injeção

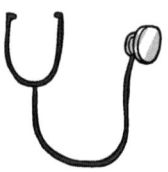

stetoskop
estetoscópio

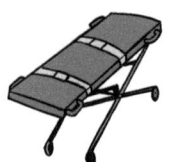

nosítka
maca

teploměr
termômetro

porod
nascimento

nadváha
excesso de peso

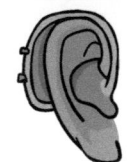

naslouchátko

aparelho auditivo

dezinfekční prostředek

desinfetante

infekce

infecção

virus

vírus

HIV / AIDS

HIV / AIDS

lékařství

medicamento

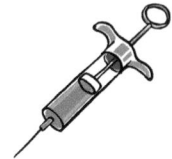

očkování

vacinação

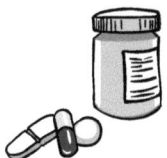

tablety

comprimidos

pilulka

pílula

tísňové volání

chamada de emergência

tonometr

dispositivo de medição de
pressão arterial

nemocný / zdravý

doente / saudável

Pomoc!

Socorro!

poplach

alarme

přepadení

assalto

napadení

ataque

nebezpečí

perigo

nouzový východ

saída de emergência

Hoří!

Fogo!

hasicí přístroj

extintor de incêndios

nehoda

acidente

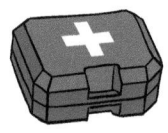

zdravotnická brašna

maleta de primeiros socorros

SOS

SOS

policie

polícia

Evropa

Europa

Severní Amerika

América do Norte

Jižní Amerika

América do Sul

Afrika

África

Asie

Ásia

Austrálie

Austrália

Atlantik

Atlântico

Pacifik

Pacífico

Indický oceán

Oceano Índico

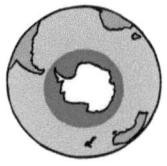

Jižní ledový oceán

Oceano Antártico

Severní ledový oceán

Oceano Ártico

severní pól

Polo Norte

jižní pól
Polo Sul

Antarktida
Antártica

země
Terra

pevnina
terra

moře
mar

ostrov
ilha

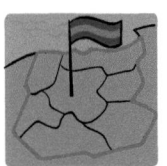

národ
nação

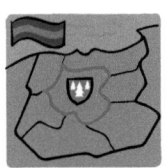

stát
estado

ciferník

mostrador do relógio

hodinová ručička

ponteiro das horas

minutová ručička

ponteiro dos minutos

vteřinová ručička

ponteiro dos segundos

Kolik je hodin?

Que horas são?

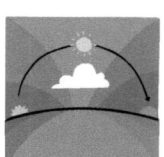

den

dia

čas

tempo

teď

agora

digitální hodinky

relógio digital

minuta

minuto

hodina

hora

týden
semana

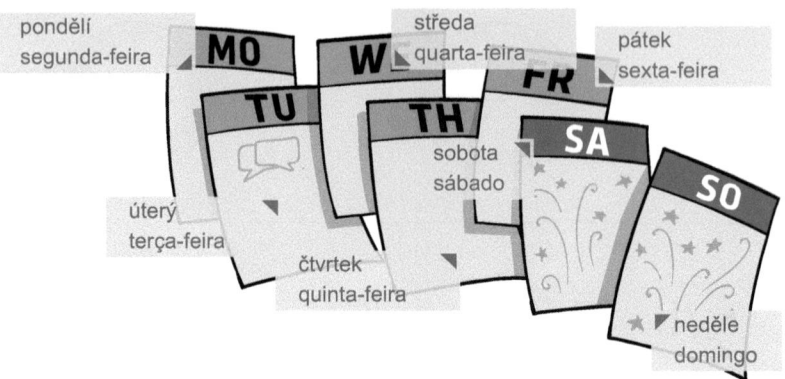

pondělí
segunda-feira

úterý
terça-feira

středa
quarta-feira

čtvrtek
quinta-feira

pátek
sexta-feira

sobota
sábado

neděle
domingo

včera

ontem

dnes

hoje

zítra

amanhã

ráno

manhã

poledne

meio-dia

večer

entardecer

pracovní dny

dias úteis

víkend

fim de semana

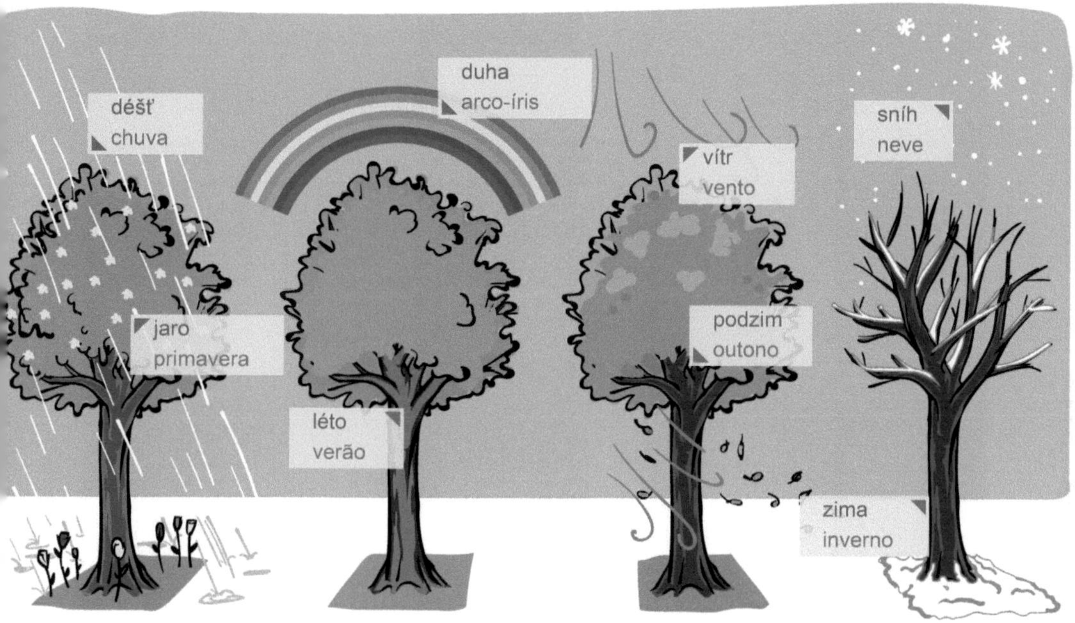

déšť
chuva
duha
arco-íris
sníh
neve
vítr
vento
jaro
primavera
podzim
outono
léto
verão
zima
inverno

4.APRIL 11°
5.APRIL 4°
6.APRIL 13°
7.APRIL 8°
8.APRIL 10°

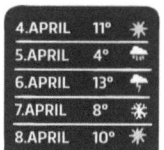

předpověď počasí

previsão do tempo

F C
120 40
90 30
60 20
30 10
0 0
-30 -10
-20

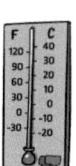

teploměr

termômetro

sluneční svit

raio de sol

mrak

nuvem

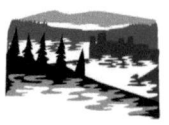

mlha

neblina / nevoeiro

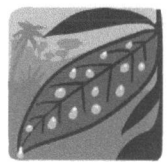

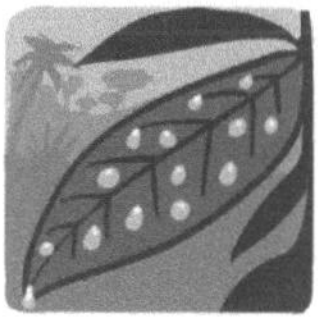

vlhkost

umidade do ar

blesk

relâmpago

hrom

trovão

bouřka

tempestade

kroupy

granizo

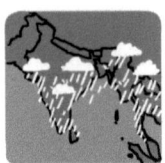

monzun

monção

povodeň

inundação

led

gelo

leden

janeiro

únor

fevereiro

březen

março

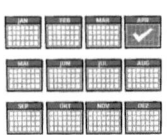

duben

abril

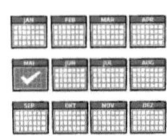

květen

maio

červen

junho

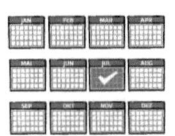

červenec

julho

srpen

agosto

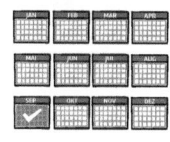

září
....
setembro

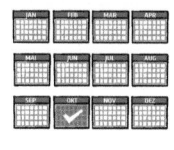

říjen
....
outubro

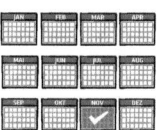

listopad
....
novembro

prosinec
....
dezembro

tvary
formas

kruh
....
círculo

čtverec
....
quadrado

obdélník
....
retângulo

trojúhelník
....
triângulo

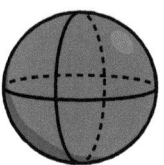

koule
....
esfera

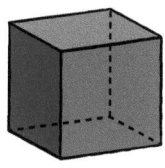

krychle
....
cubo

barvy

cores

bílá

branco

žlutá

amarelo

oranžová

laranja

růžová

rosa

červená

vermelho

fialová

lilás

modrá

azul

zelená

verde

hnědá

marrom

šedá

cinza

černá

preto

hodně / málo

muito / pouco

rozzuřený / mírumilovný

furioso / tranquilo

krásný / ošklivý

lindo / feio

začátek / konec

começo / fim

velký / malý

grande / pequeno

světlý / tmavý

claro / escuro

bratr / sestra

irmão / irmã

čistý / špinavý

limpo / sujo

úplný / neúplný

completo / incompleto

den / noc

dia / noite

mrtvý / živý

morto / vivo

široký / úzký

largo / estreito

jedlý / nejedlý

comestível / não comestível

zlý / hodný

mau / gentil

vzrušený / znuděný

entusiasmado / entediado

tlustý / hubený

gordo / magro

nejdříve / naposledy

primeiro / último

přítel / nepřítel

amigo / inimigo

plný / prázdný

cheio / vazio

tvrdý / měkký

duro / macio

těžký / lehký

pesado / leve

hlad / žízeň

fome / sede

nemocný / zdravý

doente / saudável

ilegální / legální

ilegal / legal

inteligentní / hloupý

inteligente / idiota

vlevo / vpravo

esquerda / direita

blízko / daleko

perto / longe

protiklady - opostos

nový / použitý

novo / usado

nic / něco

nada / alguma coisa

starý / mladý

velho / jovem

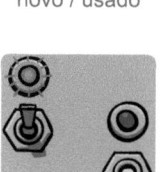

zapnutý / vypnutý

ligado / desligado

otevřeno / zavřeno

aberto / fechado

tichý / hlasitý

baixo / alto

bohatý / chudý

rico / pobre

správný / špatný

certo / errado

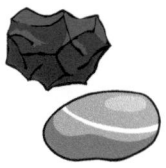

drsný / hladký

áspero / liso

smutný / šťastný

triste / feliz

krátký / dlouhý

curto / longo

pomalý / rychlý

lento / rápido

vlhký / suchý

molhado / seco

teplý / chladný

ameno / fresco

válka / mír

guerra / paz

0	**1**	**2**
nula	jedna	dva
zero	um	dois
3	**4**	**5**
tři	čtyři	pět
três	quatro	cinco
6	**7**	**8**
šest	sedm	osm
seis	sete	oito
9	**10**	**11**
devět	deset	jedenáct
nove	dez	onze

12

dvanáct

doze

13

třináct

treze

14

čtrnáct

quatorze

15

patnáct

quinze

16

šestnáct

dezesseis

17

sedmnáct

dezessete

18

osmnáct

dezoito

19

devatenáct

dezenove

20

dvacet

vinte

100

sto

cem

1.000

tisíc

mil

1.000.000

milion

milhão

angličtina

inglês

americká angličtina

inglês americano

standardní čínština

chinês mandarim

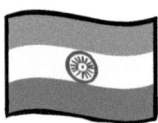

hindština

hindi

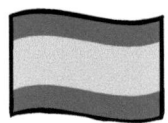

španělština

espanhol

francouzština

francês

arabština

árabe

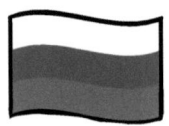

ruština

russo

portugalština

português

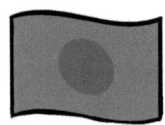

bengálština

bengalês

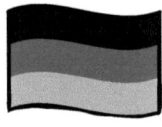

němčina

alemão

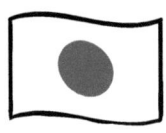

japonština

japonês

já
eu

ty
você

on / ona / ono
ele / ela

my
nós

vy
vocês

oni
eles / elas

Kdo?
quem?

Co?
O quê?

Jak?
como?

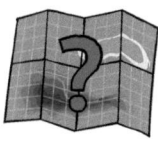

Kde?
onde?

Kdy?
Quando?

jméno
nome

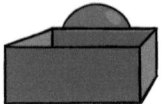

za

atrás

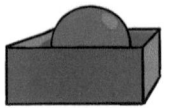

do

em

z

na frente de

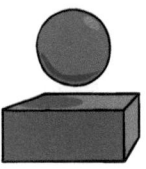

nad

sobre

na

em cima

mezi

debaixo

vedle

do lado

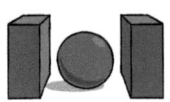

mezi

entre

místo

lugar